7369

LA CHAUMIÈRE HONGROISE ;

OU,

LES ILLUSTRES FUGITIFS.

Grand Ballet Heroi-Comique,

EN TROIS ACTES.

DE LA COMPOSITION DE MONSIEUR DIDELOT.

REPRÉSENTÉ

AU THÉATRE DU ROI,

HAYMARKET,

LE 6ᵐᵉ D'AVRIL, 1813.

MUSIQUE PAR MR. VENUA.
DECORATIONS PAR MR. GRIEVE.
MACHINES PAR MR. RONALDSON.
LES HABITS
PAR MR. RAVANI ET MAD. ROBINSON,
D'après la Direction et les Desseins de
MONSIEUR BOISGIRARD.

LONDRES :

DE L'IMPRIMERIE DE J. BRETTELL,
RUPERT STREET, HAYMARKET ;
SE VEND AU THÉATRE DU ROI,
Et non ailleurs.

1813.

[*Prix Un Chelin, pas davantage.*]

THE HUNGARIAN COTTAGE;

OR,

THE ILLUSTRIOUS FUGITIVES.

A Grand Heroi-Comic Ballet,

IN THREE ACTS.

COMPOSED BY MONSIEUR DIDELOT.

AS PERFORMED AT

THE KING'S THEATRE,

HAYMARKET,

APRIL the 6th, 1813.

THE MUSIC BY MR. VENUA.
THE SCENERY BY MR. GRIEVE.
THE MACHINERY BY MR. RONALDSON.
THE DRESSES
BY MR. RAVANI AND MRS. ROBINSON,
After the Designs, and under the Direction, of
MONSIEUR BOISGIRARD.

LONDON:

PRINTED BY J. BRETTELL, RUPERT STREET,
HAYMARKET;

AND SOLD AT THE OPERA HOUSE,
And no where else.

1813.

[*Price One Shilling, and no more.*]

PERSONNAGES.

———

FREDERIC jeune paysan, futur
de Mouska, et chef des tra-
vailleurs . . . . Monsieur Vestris.
LE COMTE DE RAGOTSKI,
fugitif . . . . Monsieur Didelot.
LA COMTESSE DE RA-
GOTSKI, femme du Comte,
fugitive . . . . . . Madame Didelot.
GEORGE, fils du Comte, enfant
de six ans. . . . . . . Miss Scott.
MOUSKA, fille de Rodrigue,
promise de Frédéric . . . Miss Luppino.
RODRIGUE, ancien soldat re-
tiré, vivant dans sa chaumière Monsieur Boisgirard.
LEOPOLD IGNACE, Empereur
d'Autriche . . . . . . Mr. Goodman.
ULRIC, jeune paysan, amant de
Marie, fille de Rodrigue . . Mr. Noble.
NISKA, fille de Rodrigue . . Miss Smith.
ULRIKA, paysanne . . . . Miss Mori.
MARIE, petite paysanne . . Miss Twamley.
VIEILLE GRAND' MAMAN Mrs. Frederica.
OTHON, paysan, puis Caporal Monsieur Bourdin.
HENRY, paysan, amant de
Marie . . . . Mr. Oscar Byrne.
UN SERGENT . . . . . Mr. Hope.

Sept Soldats, combattans, Messrs. Hope, Simon,
De Bigueur, Taylor, Goodwin,
Wells, White.

Troupes de Paysans, Soldats, Nobles, &c.

La Scène se passe en Transylvanie.

DRAMATIS PERSONÆ.

FREDERIC, a young peasant, the intended husband of Mouska, superintendant of the labourers . . . . . Monsieur VESTRIS.

COUNT RAGOTSKI, fugitive . . . . Monsieur DIDELOT.

COUNTESS RAGOTSKI, his wife, fugitive. . . . . . Madame DIDELOT.

GEORGE, the Count's son, six years old. . . . . . Miss SCOTT.

MOUSKA, Rodrigo's daughter, promised to Frederic. . . . Miss LUPPINO.

RODRIGO, an old soldier, retired from service, living in his cottage . . . . . . Monsieur BOISGIRARD.

LEOPOLD IGNACE, Emperor of Austria. . . . . . Mr. GOODMAN.

ULRIC, a young peasant, lover of Maria, Rodrigo's daughter . Mr. NOBLE.

NISKA, Rodrigo's daughter . . Miss SMITH.

ULRIKA, a peasant . . . . Miss MORI.

MARIA, a young peasant . . . Miss TWAMLEY.

THE GRANDMOTHER . . . Mrs. FREDERICA

OTHO, a peasant, then a Corporal . . . . Monsieur BOURDIN.

HENRY, a peasant, Maria's lover . . . . Mr. OSCAR BYRNE.

A SERJEANT . . . . Mr. HOPE.

Seven Soldiers, combattants, Messrs. Hope, Simon, De Bigueur, Taylor, Goodwin, Wells, White.

Troops of Noblemen, Peasants, Soldiers, &c.

The Scene lies in Transylvania.

AVANT-PROPOS.

L'OUVRAGE que j'ai l'honneur de présenter au public, a un fond historique.

Sous le regne de Léopold Ignace, le Comte François Ragotski épousa la fille du Comte de Serin, qui entraîna son gendre dans la conspiration qu'il fit avec les Comtes Frangipani, Nadasti, Tattembach, &c. contre l'Empereur.

Le Comte F. Ragotski fut nommé pour commander les troupes des mécontens, qui avoient offert de mettre la Hongrie sous la protection de la Porte, de recevoir garnison, et de secouer le joug de l'Empereur. Le projet et les mesures ayant échoué, les mécontens, battus partout, furent obligés de céder. Le Comte Serin fut pris, conduit prisonnier à Vienne, d'où il écrivit à son gendre de se rendre à l'Empereur. La mère de Ragotski obtint la grace de son fils, et il vint la recevoir de son Souverain, rentra sous l'obéissance, et S. M. Impériale mit garnison dans les états du Comte.

Voilà le fond sur lequel j'ai formé un plan. Je dois plusieurs choses dans cet ouvrage à un joli petit opera en un acte, donné à St. Petersbourg, composé par M. Claparède, et intitulé. *Les Hongrois, ou Emeric Tekely.* J'avois d'abord eu le projet de mettre cet opera en ballet, suivant en cela la trace de nos grands maîtres ; mais ayant relu les Révolutions de Hongrie, j'ai trouvé un héros plus propre au ballet, puisqu'il est vraiment rentré dans le devoir, a reçu sa grâce, et me donne moyen de terminer mon sujet par une fête. Mon fond étant presque le même que celui de l'opera, puisque les deux personnages ont été des rebelles à l'Empereur, je me suis servi de quelques-unes

PREFACE.

THE work which I have now the honour to offer to the public is founded upon an historical event.

In the reign of Leopold Ignace, Count Francis Ragotski married the daughter of Count Serin, by whose persuasions he engaged in a conspiracy raised by the latter with Frangipani, Nadasti, Tattembach, &c. against the Emperor.

Count F. Ragotski was appointed commander of the rebels, who had offered to place Hungary under the protection of the Porte, to receive garrisons and shake off the yoke of the Emperor. Being disconcerted in their project and measures, the malcontents, beaten in every quarter, found themselves compelled to surrender. Count Serin was taken and led prisoner to Vienna, whence he wrote to his son-in-law, advising him to submit to the Emperor. Through the means of his mother, Ragotski obtained his pardon, which he received from the hand of his Sovereign. His Imperial Majesty sent garrisons into the states of the Count.

This is the subject on which my plan is founded. I am indebted for many particulars in this work to an opera, in one act, which was given at St. Petersburg, composed by M. Claparède, and entitled, *The Hungarians, or Emeric Tekeli.* To follow the steps of our great masters, I had first intended to make a ballet of this opera; but having since perused again the Revolutions of Hungary, I found a hero better adapted for a ballet, as he in fact returned to his duty, received his pardon, and thereby afforded me an opportunity to terminate the work by an entertainment. My subject being nearly the same as that of the opera, the two characters having rebelled against the Emperor, I

de ses idées, telles que la jalousie du paysan, qui fait découvrir le Comte, la reconnaissance de Rodrigue, l'idée des billets de logement qui introduit les soldats, et celle du Comte faisant la sentinelle de lui-même, mais amenées et traitées différement. Voilà tout ce que j'ai emprunté. Une partie de mon second acte sera donc une partie de l'Opera de M. Claparède, mis en Ballet, avec de fortes augmentations. Du reste, le premier acte *en entier*, les rôles de la Comtesse, celui de l'Enfant, de la Vieille, de Niska, du Caporal, la manière d'introduire les Illustres Fugitifs, l'idée d'envoyer l'Enfant au camp porter la supplique, et solliciter auprès de l'Empereur la grâce de son père celle d'enivrer les soldats, celle du Comte estafette, et ménétrier, la scène du signalement, celle qui se passe pendant le sommeil des gardes, le dénouement, le camp, sont entièrement a moi.

Dans l'opera la sentinelle a connu le Comte, le sauve, et se sauve avec lui. Ils sont pris, ramenés, lorsque l'Empereur envoie la grâce du Comte, en l'invitant à se rendre auprès de lui. Ici, au contraire, ce sont les généreux paysans qui sauvent Ragotski et son épouse aux dépens de leur liberté, de leur vie ; et Ragotski, aussi généreux que brave, qui ne pouvant souffrir l'idée d'avoir fait des victimes dont il entend déjà les cris, vient se remettre dans les fers avec son épouse pour sauver ses bienfaiteurs à son tour ; tandis que son fils, conduit vers l'Empereur par Rodrigue, a obtenu la grâce de son père, et la lui apporte.

Je comptois monter cet ouvrage pour l'ouverture, au lieu de *La Journée de l'Amour*, et dans le moment actuel mettre un Grand Ballet Russe ; mais les moyens de l'Administration ne permettant pas les fortes dépenses qu'il auroit fallu, j'ai choisi cet ouvrage.

Jaloux de voler au-devant des desirs de la noblesse, des souscripteurs, et du public ayant recueilli l'opinion qui

have adopted some of the author's ideas, such as the jealousy of the peasant by whose means the Count is discovered, the meeting and gratitude of Rodrigo, the quartering soldiers at his house, with that of the Count standing sentinel upon his own person, although I have introduced and treated these circumstances differently. This is all I have borrowed. A part of my second act is therefore taken from Mr. Claparède's Opera, with considerable additions. As for the rest, the whole of the first act, the parts of the Countess, of the Child, of the Old Woman, of Niska, and the Corporal, the way of introducing the Illustrious Fugitives, the idea of sending the Child to the camp with his father's petition to solicit his pardon from the Emperor, that of inebriating the soldiers, of disguising the Count as a messenger from the army, and as a musician, the manner of recognising him, the scene which passes whilst the guards are sleeping, the *dénouement*, the camp, are entirely mine.

In the opera, the sentinel is supposed to have known the Count, with whom he escapes. They are taken, and brought back, when the Emperor sends the pardon of the Count, at the same time inviting him to his presence. Here, on the contrary, Ragotski and his wife are saved by the generous peasants at the risk of losing their liberty and even their lives; and Ragotski, as generous as he is brave, unable to bear the idea of causing their ruin, already hearing their cries, surrenders himself again a prisoner with his wife, that he may save his benefactors; whilst his son, led by Rodrigo to the Emperor, has obtained the pardon of his father, and returns with it.

I intended to prepare this work for the opening of the Opera, instead of the *Journée de l'Amour*, and for the present moment a grand Russian Ballet; but the situation of the Theatre not allowing the great expenses the latter would have required, and being desirous to

paroissoit desirer quelque chose de sévère, qui sortît des fleurs, dont cependant la parure semble être la plus naturelle à Terpsichore, je me suis décidé à ce ballet, dont le genre tranche absolument avec tout ce que j'ai donné, et qui s'éloigne autant de la Mythologie, de la Féerie, que de l'Indien et du Gothique.

Comme le tragique, le sévère porte plus à la pantomime qu'à la danse, je l'ai mêlé de comique, et M. Vestris a choisi cette partie du ballet, que ses talens embelliront et sauront faire valoir. J'ai pris l'autre avec mon épouse, pour jeter, dans le cours de l'ouvrage, un pas vraiment national, qui, dansé par M. Vestris, auroit privé le public du classique, de la réalité, de son execution pendant tout le ballet, ce pas sortant absolument de l'ordre ordinaire des regles de notre art. Ma femme, jouant le rôle de la Comtesse, et ne dansant qu'à la fin avec M. Vestris, pourra remplir les deux objets.

Si l'on trouve plus de pantomime dans cet ouvrage que dans mes autres ballets, la faute en est au genre, qui l'exige.

Je sens dans cet ouvrage plus que jamais la perte de l'Ecole ; et si le camp manque de mouvement, et de perspective, et de mille détails qu'il lui faudroit, je supplie le public de m'excuser, en faveur de la circonstance embarrassante où je suis, et où se trouve l'Administration. Voilà ce qui me prive en général de spectacle et de richesse. Certainement si le zèle et la bonne volonté pouvoient suppléer au manque de moyens ou de talens, le public n'auroit jamais rien à desirer dans mes ouvrages.

anticipate the wishes of the Nobility, Gentry, and the public, I have fixed upon the present performance. As the prevalent opinion seemed to me to require a work in a serious style, which had no similarity to the gay flowery appendages of Terpsichore, I have determined to undertake this ballet, so widely different from any I have produced, and which is as opposite to Mythology and Fairy, as it is to the Indian or Gothic.

As pantomime is better adapted to tragic and serious subjects, I have interspersed this with comic scenes, and Mr. Vestris has chosen this part of the ballet, which by his talents he cannot fail to embellish and improve. The other part I have reserved for Madame Didelot and myself, to introduce in the course of the performance, a *pas* truly national, which, if it had been danced by Mr. Vestris, would have deprived the public of the classical elegance of his execution, this *pas* being an absolute exception to the general rules of our art. As Madame Didelot performs the part of the Countess, and dances only at the end of the ballet with M. Vestris, she will be able to undertake those two characters.

If this work is found to possess more pantomime than any other ballets, it is the style which obliges me to introduce it. Serious pantomime will not agree with dancing.

I feel the loss of the opera school much more in this production than in any other; and if the scene of the camp appears to be deficient in point of military bustle and of perspective, I humbly hope that the public will consider the embarrassing circumstances in which I and the Theatre are placed, and which, speaking in general, do not allow me the advantage of a rich spectacle. Most certainly, if want of means or of talents could be supplied by zeal and inclination, the public would not have any thing to wish for in my productions.

LA CHAUMIÈRE HONGROISE ;

OU,

LES ILLUSTRES FUGITIFS.

L E Théatre représente un bois, des rochers qui s'étendent au loin, une campagne agréable, et au fond un pré ; des arbres sont épars ça et là ; c'est le tems de la coupe des foins, à laquelle on voit les paysans occupés. Des bucherons d'un autre côté émondent les arbres, et fendent du bois. Ulric et Othon se joignent à leurs camarades. Des soldats venus du camp, en se promenant, fument, et font la conversation avec les travailleurs. Frédéric est leur chef, leur surveillant, et de plus le futur époux de Mouska ; il s'est éloigné de son ouvrage pour chercher sa maîtresse aux champs. A peine est-il de retour qu' elle arrive par une autre route, apportant dans un panier le diner de Frédéric.

Un peu d'amour pendant la besogne donne grand courage. Cependant Ulric, l'amoureux de Niska, impatienté de ne pas la voir venir, s'adresse à sa sœur pour savoir ce qui la retarde. Frédéric est jaloux : il prend de l'ombrage, veut savoir ce qu'on a dit à l'oreille de sa maîtresse, se fâche, va lui faire une scène. Heureusement Niska, qui apporte aussi le diner de son amant, met fin au débat, en affirmant à Frédéric que c'étoit d'elle qu'on parloit.

Des filles du village arrivent successivement, et apportent le diner des travailleurs. Marie vient joindre Othon, et jusqu'à la petite Ulrika n'a pas oublié Henri.

THE HUNGARIAN COTTAGE;

OR,

THE ILLUSTRIOUS FUGITIVES.

THE theatre represents a wood; a ridge of rocks, fields, a meadow in the back ground, and scattered trees. Villagers are seen employed at hay-making. On the other side wood-cutters pruning trees and cleaving wood.

Ulric and Otho join their companions. Soldiers from the camp come smoking, and join in conversation with the mowers. Frederic, who superintends the labourers, has left the field to go in search of the lass he has fixed his affections upon. He is no sooner returned, than she arrives from the other side, bringing a basket, which contains Frederic's dinner.

A particle of love encourages us in the midst of labour. Ulric impatient of not seeing Niska, inquires of her sister whether she is not soon coming. Frederic, in a fit of jealousy, insists upon knowing what was whispered to her whom he loves. He appears to be angry and inclined to quarrel, but Niska, who also brings her lover's dinner, soons puts an end to the contest, by declaring that the whispering concerned herself.

Young girls arrive from the village, who bring the labourers their dinner. Maria joins Otho; nor has young Ulrika forgotten Henry.

Mouska's grandmother is also with the children. Sports and diversions take place after dinner. The

La grand' maman de Mouska est venue joindre ses enfans. L'heure du diner amène celle de la joie et de la récréation. On boit ; on rit ; on danse ; on conte fleurette à sa fiancée ; enfin la joie est générale.

Au milieu de la fête, on entend le tambour. Chacun se lève—" Qu'est-ce ?"—Bientôt des soldats de l'Empereur viennent placarder la proscription du Comte de Ragostki.

3000 Ducats
à qui prendra
le Comte de Ragotski
vivant.

Chacun pense, et prend la chose à sa guise. Les soldats s'éloignent, et le repas et la fête recommencent.

Rodrigue paroît, sortant du bois un lièvre sur l'épaule, son fusil à la main. Chacun reçoit bien le vieux soldat. Sa famille court au-devant de lui ; et les petits paysans croyant le moment favorable pour presser l'instant de conclure leur hymen, font le projet de parler à Rodrigue pour l'y déterminer, après l'avoir bien caressé, bien cajolé. Ce sera cependant à qui parlera le premier. La bonne vieille grand' maman vient à leur secours, et fait pour eux cet aveu difficile—" Non, non,"—dit Rodrigue—" Pourquoi ?"—A ton âge j'avois servi ma patrie. Vois ces cicatrices, et toi, énamouré, contant des fadaises à ma fille, tu n'as encore rien fait"—" Ah ! dame, c'est vrai ça, Frédéric," dit Mouska—Cette vérité dite devant sa maîtresse pique le jeune paysan. Il se monte la tête, prend un fusil, demande à Rodrigue de l'instruire ; et enchanté de lui, promet d'avance monts et merveilles à Mouska, et se croit déjà un vaillant guerrier. Mouska, qui au fond n'en croit rien, cependant l'encourage, et voulant participer à sa gloire future, au moins par quelque point d'instruction, elle attrape un tambour ; et la voila créée tambour du futur régiment de Frédéric.

Il en est déjà au pas de charge, et chante victoire. Mouska, qui ne le croyoit pas aussi adroit, le félicite sur ses progrès, lorsque Rodrigue,

villagers are seen drinking and merry-making. They dance, they flirt. All partake in the entertainment. At this moment the beating of a drum is heard. Every one starts up anxious to know what it means, when some of the Emperor's soldiers approach, and post up the following hand-bill:

A Reward of 3000 Ducats is offered for taking Count Ragotski alive.

Upon seeing this, each of the villagers appears to make his own reflection. The soldiers leave the place, and the repast and entertainment continue.

Rodrigo the farmer arrives, coming from the wood, with a hare on his shoulder, and a gun in his hand. He is welcomed by all, his family run to meet him, and the young peasants thinking this a favourable opportunity to press the conclusion of their marriage, resolve to prevail by their entreaties and caresses upon Rodrigo to consent to it. Neither of them, however, can summon courage enough to address him first, but the old grandmother offers to assist them in this great difficulty—" No, no," says Rodrigo,—" Why not?— At his age I had already served my country— See these scars, and he a lover, entertaining my daughter with love tales, has not yet achieved any thing."—" True indeed," rejoins Mouska— The young peasant finding himself humbled by this rebuke in presence of his mistress, becomes resolute, seizes a gun, asks Rodrigo to instruct him, and pleased with himself, promises Mouska that he will perform wonders, thinking himself already a valiant warrior. Mouska, though she places no great confidence in his promises, nevertheless encourages him; and as if wishing to partake of his future glory by her instructions, seizes a drum, and gives herself the appearance of a drummer at the head of Frederic's expected regiment.

He is already charging the enemy and celebrating his victory. Mouska, who could not believe him to be so skilful, congratulates him upon his prowess. But Rodrigo, desirous of trying hu-

voulant essayer la prétendue vaillance de Frédéric, lui tire un coup de pistolet aux oreilles. Le héros effrayé, de peur laisse tomber son arme. Rodrigue le félicite sur sa bravoure, et Mouska, rieuse par nature, se moque de lui, ainsi que tous ceux qui sont présens.

Frédéric, veut réparer son honneur outragé, il ramasse son fusil, et marche en arme pour obtenir un baiser de Mouska. Bientôt rentrant dans son naturel, plus joyeux que guerrier, Frédéric laisse son fusil; et dans une danse animée, les deux villageois peignent tour-à-tour la gaîeté et le bonheur dont leur âme est remplie.

On entend la retraite. Les soldats partent. La fête a duré plus longtems qu'à l'ordinaire; et les paysans reprenant chacun leurs outils vont rejoindre leurs habitations. Rodrigue qui ne veut pas oublier sa chasse, va prendre son lièvre, que par hasard la vieille grand' maman a accroché au bas du placard de la proscription. Il apperçoit le fatal écrit; il pâlit; des larmes coulent de ses yeux. Sa famille l'entoure, et il lui apprend combien il aime Ragotski qui a été son ancien général ; leur ordonne de garder le silence, et renvoie chacun chez soi. Mouska a pris ses seaux pour aller traire ses vaches. Frédéric la suit en tapinois. Niska a pris le chemin de la maison avec la grand' maman. Ce n'est pas sans avoir dit adieu à Ulric. Tout le monde enfin a disparu. Alors Rodrigue saisit une hache, détruit l'écriteau, et le cachant sous son manteau, l'emporte chez lui.

A peine est-il parti qu'on apperçoit au sortir du bois, le Comte de Ragotski, son épouse, et son petit enfant. L'inquiétude et la fatigue se peignent dans leur pénible marche. Son fils trop las s'arrête. Le Comte le prend dans ses bras, et ils continuent leur route, en prenant toutes les précautions possibles pour n'être pas découverts. Cependant la faim, la soif, et la fatigue, ont exténué la mère et l'enfant. Il faut malgré eux s'arrêter quelques minutes. Le Comte, pendant ce repos, cherche partout s'il ne trouvera pas quelque

morously his assumed courage, fires a pistol near his ear. The affrighted hero drops his musket, upon which Rodrigo praises his valour, and Mouska, naturally playful, joins with the peasants in ridiculing him.

Frederic, desirous of regaining his injured honour, takes up his gun, and advances with a soldier-like countenance to obtain a kiss from Mouska. Soon returning to his natural disposition, more inclined to mirth than war, puts down his gun and begins an animated dance, in which they both express sentiments of joy and happiness, with which their hearts are enlivened. The beating of drums being heard, the soldiers retire. The rejoicings having lasted longer than usual, the villagers take their tools to return home, Rodrigo looks for his hare, which the old grandmother has by chance hung under the bill of reward. He sees the fatal sentence, and shudders; tears flow from his eyes. His family surrounding him, he informs them that Ragotski was his general; bids them to be silent, and sends every one home. Mouska takes her pails, with an intention of going to milk her cows; Frederic follows her slyly, afraid of being observed by Rodrigo. Niska takes the way to her house with the grandmother, but not before she has taken leave of Ulric. As soon as every one is gone, Rodrigo tears down the bill, conceals it under his cloak, and takes it away.

He is no sooner gone than Count Ragotski appears, coming from the wood with his wife and child: anxiety and fatigue are visible in their countenances, they seem scarcely able to proceed. His son being overcome, stops behind, the Count takes him up in his arms, and they continue to walk with all possible precautions, fearing to be discovered. The mother and child, overpowered by hunger, thirst, and fatigue, are obliged to rest for some minutes, during which time the Count looks all round for some nourishment for his family—"Nothing! nothing!" but a basket, which has been forgotten after the rural repast of the villagers,

aliment pour sa femme et son fils—" Rien !"—Un panier, par un heureux hasard, est resté du champêtre repas des paysans. Il s'offre à la vue de la Comtesse—" Du pain !—Dieu, vous nous sauvez la vie"—Et l'enfant se jette sur cette nourriture, dont, depuis plus de trente-six heures, il est privé. L'enfant porte son pain à la bouche de sa mère. Il veut le partager avec elle, ou n'y plus toucher. Malheureusement le panier est peu garni. Déja ils ont repris un peu de forces, quand un bruit sourd se fait entendre—" On marche—On approche—Ce sont des soldats—O ciel !"—Ils viennent de tous côtés. Le Comte voyant l'impossibilité d'échapper, effrayé pour son épouse et son fils seuls, prend le parti de cacher l'enfant dans des broussailles et de défendre chèrement sa vie et celle de son épouse, qu'il tente en vain de vouloir dérober au danger. La Comtesse, aussi brave épouse que tendre mère, sent son âme s'élever à l'approche du péril, et veut avec sa vie défendre celle d'un époux et d'un fils, sans lesquels, l'existence lui deviendroit insupportable. Ils se préparent tous deux à une défense, qui semble presque inutile. Les soldats arrivent. L'ordre est exprès de prendre le Comte vivant. Un combat affreux se livre. Les deux époux héros se défendent en désespérés. La Comtesse est prête à perdre la vie ; mais Ragotski, à qui il reste un souffle d'existence, la lui sauve, en donnant la mort au seul ennemi qui leur reste. Alors ces deux illustres fugitifs vainqueurs, au milieu des victimes immolées à leur courage, veulent se trainer vers leur fils. C'est en vain. Epuisés de fatigue, la nature à perdu son pouvoir, et les vainqueurs tombent presque mourans, confondus avec les vaincus.

Mouska, qui s'est retardée aux champs avec Frédéric, voit le jour qui commence à baisser, et défend à son amant de la suivre. Alors doublant de vîtesse, elle cherche à gagner le logis, lorsque ses pas sont arrêtés par les soldats tués dans le combat. Dans sa frayeur, elle est prête à s'évanouir—" O mon Dieu ! et il faut que je

is fortunately seen by the Countess—" Bread ! O God of mercy ! Thou hast saved our lives !"—The child rushes upon the food, which he has not tasted for more than thirty-six hours ; he offers the bread to his mother ; he prefers not tasting it, if she refuses partaking of it ; unfortunately the basket is but scantily provided. They have however regained a little strength. A distant noise is heard—" Footsteps !—they approach—soldiers !— O heavens !"—The Count finding it impossible to escape, fearing for the safety of his wife and son only, determines to conceal the latter amongst the bushes, and to defend his and his wife's life from the approaching danger. The Countess, as brave a wife as she is a kind mother, feels herself animated at the sight of this, and resolves, at the peril of her own life, to defend that of her husband and son, without whom, existence would become insupportable. They prepare for a defence apparently useless, the soldiers arrive ; it is expressly ordered to take the Count alive. A dreadful battle ensues, which the heroic couple maintain desperately ; the Countess is upon the point of losing her life, when Ragotski, nearly exhausted with his exertions, succeeds in saving her by giving the death-blow to the last of their enemies. In vain would the conquering couple, surrounded by the victims of their courage, endeavour to return to their son ; they are overcome with fatigue, nature refuses them assistance, they fall nearly lifeless amidst the conquered.

Mouska, who has been tarrying in the fields, perceiving that night approaches, forbids her lover to follow her steps ; she is hastening home, when she is stopped by the bodies of the dead soldiers—" O heavens !" she exclaims " how shall I proceed !—Ah ! was not Frederic away ?"—She calls to him, but to no purpose—he is gone—she must however determine, and prepares to proceed —a plaintive cry increases her fear—" O ! my God ! if they should return"—on hearing another cry, she perceives a feeble child creeping out of

passe ?—Comment faire ?—Ah ! si Frédéric n'étoit pas loin !"—Elle l'appelle. C'est en vain. Il est parti. Il faut enfin se décider, et elle va pour passer. Un cri plaintif lui rend, et redouble même toute sa frayeur.—" Grand Dieu ! s'ils alloient revenir !"—Un autre cri plaintif lui fait appercevoir un foible enfant sortant des broussailles, dont il écarte les branches flexibles. Il sort de sa retraite, se traîne vers Mouska, l'appelle, lui tend ses petits bras ; et la pitié l'emportant sur la crainte dans le bon cœur de la jeune paysanne, elle n'écoute plus rien, vole au secours de l'enfant, et le porte vers ses seaux dans l'intention de lui donner ses secours. Mais il est trop foible, et tombe à ses pieds comme évanoui. Sa respiration est presque éteinte !—Sa main est froide—" O mon Dieu !—Ne l'aurois-je secouru que pour le voir périr sur mes girons ?"—Son pouls revient !—L'enfant soupire, ouvre les yeux, et la paysanne, en lui faisant boire un lait rafraichissant, le rend entierement à la vie. Il cherche même à se lever : il rend déja grâce à sa bienfaitrice, et ses caressantes mains là tiennent embrassée, et serrée contre son cœur.

Le premier mouvement de l'enfant a été vers la vie, le second est vers la nature. Ses idées altérées par la crainte et la foiblesse, lui reviennent avec les forces. Les larmes, les sanglots, manifestent bientôt le retour de sa mémoire. Mouska inquiète lui demande en vain ce qui cause les pleurs qui le suffoquent. Ce n'est qu'en cherchant sa mère et son père infortunés, les montrant à la jeune villageoise, et se précipitant sur leurs corps épuisés et sans mouvement, que l'enfant répond à la petite laitière. Elle vole sur ses pas. L'enfant appelle, caresse en vain les auteurs de ses jours. Mouska, qui s'est assurée qu'ils ne sont qu'évanouis, leur porte tous les secours qu'elle peut imaginer. Le Comte commence déja à respirer, et se trouve dans les bras de son fils. Son épouse vient d'ouvrir ses paupières au jour ; elle est en même tems au sein de sa famille. L'enfant montre la paysanne à son père, en lui apprenant que c'est

the bushes, the branches of which he tries to remove. He advances from the place of his concealment, stretching his arms to Mouska, when pity conquering fear in the compassionte heart of the young villager, she forgets her own distress, and flies to the assistance of the child, whom she takes to her milk pails, in order to afford him some relief. The child too weak falls at her feet almost lifeless—He scarcely breathes—his hand is cold—"O God! have I assisted him but to see him perish in my arms!"—His pulse beats—the child sighs, opens his eyes, and the young girl giving him some milk completely restores him to life. He attempts to rise and express his gratitude to his benefactress, whom he caresses and presses to his heart.

The child, who just now felt for the preservation of life, soon attends to the call of nature. His recollection having been weakened by fear and debility, now returns with his strength; tears and sobs manifest the recovery of his memory. Mouska alarmed inquires into the cause of his tears; he appears suffocated; he can give no answer, but seeks his unfortunate parents, points to them, and throws himself on their exhausted and half-expiring bodies; followed by the compassionate milkmaid, he calls and caresses his parents. Mouska, conscious that life is not extinguished, gives them every assistance she is capable of; the Count beginning to recover his senses, finds himself clasped in his son's arms: the Countess is also restored to life. The child points to the young girl, and informs them of what she has done for their recovery; Mouska scarcely allows them time to express their gratitude; she takes the child by the hand, whom she leads cheerfully to her father's house, followed by the unfortunate couple.

End of the First Act.

elle qui a tout fait. Leur laissant à peine le tems de lui exprimer toute leur reconnoissance, Mouska prend l'enfant par la main, gagne gaiment le chemin de la chaumière, dont le toit hospitalier va bientôt abriter l'infortunée famille contre le mauvais tems qui se prépare.

Fin du premier Acte.

ACT II.

L'Intérieur de la Chaumière.

LA vieille Catherine file, et Niska appuyée sur l'épaule de son père, une guitare à la main, le caresse, et cherche à le distraire du chagrin, que lui cause la proscription de son ancien général, de son ami ; car Ragotski lui a sauvé la vie dans une bataille ; et son cœur reconnoissant rêve aux moyens de lui être utile. Niska par sa danse parvient un moment à faire diversion à ses ennuis. Enfin l'heure sonne—"Huit heures !—Quoi ! Mouska n'est point de retour !"—On frappe—" C'est elle—Personne n'est-il ici ? "—" Non "—Les grondes fondent sur elle, et presque les coups—" Là, là—Attendez un peu—Silence ! silence !—Qu'y a-t-il donc ?—Chut ! Chut "—Elle éteint les lumières, ne laisse que la lampe, tire les rideaux des fenêtres et fait entrer le groupe des illustres malheureux.—" Brave homme, vois ces infortunés : ce sont mon épouse et mon fils. Nous venons avec confiance nous livrer à ta foi et te demander l'hospitalité."—Rodrigue considère, examine le Comte—" O ciel ! se pourroit-il ?— Oui, c'est lui—C'est vous, mon général ? "—" Qui es-tu ? "—Connoissez-vous cette cicatrice ? —Voilà celle que vous reçutes en me sauvant la vie"—Et ces deux braves compagnons d'armes, se reconnoissent, et se serrent dans les bras l'un de l'autre. Pendant ce tems, la Comtesse et l'enfant prennent

ACT II.

The Inside of the Cottage.

CATHERINE is spinning, whilst Niska, leaning upon her father's shoulder, with a guitar in her hand, endeavours by her caresses to alleviate the grief he feels at the proscription of his former general and friend; for Ragotski once saved his life in a battle. Penetrated with gratitude, he reflects by what means he can best serve him. At the same time Niska tries to cheer him by her dances.—The hour strikes—" Eight—Heavens !—Mouska is not returned !"—A rap at the door—" It is she"—" Is no stranger here ?"—" No." As they are scolding, and even threatening her, she exclaims—" Gently; pray, gently ! Wait—Listen—What is it ?—Hush ! hush !"—She puts out the lights, leaving only a lamp burning, shuts the window curtains, and introduces the distressed family.—" Good man, look at these unfortunate beings. They are my wife and my son. We trust to your honesty, and beg for shelter."—Rodrigo examines the Count— " Good heavens!—Is it possible ?—Sure, it is himself.—You, my general—Who are you ?"—" Do you remember this scar ?"—" I see the mark of the wound you received in saving my life."—The two brave warriors recollecting each other, embrace affectionately.

In the mean time the Countess and her child take some nourishment. The women in the cottage attend upon them. Every thing is ready to save them, by means of a disguise, from the search of their pursuers.

The Count has resolved to write to the Emperor, and he wishes his wife to present his petition. But the Countess will not leave her husband, when he

un peu de nourriture. Les villageoises s'en sont emparées. Tout est déjà prêt pour les dérober par un prompt déguisement à l'œil de ceux qui les poursuivent. Le Comte a pris la résolution d'écrire à l'Empereur. Il veut que son épouse présente sa supplique ; mais la Comtesse ne peut se décider à quitter son mari dans l'instant où environnés de danger elle croit pouvoir les partager et les adoucir—"Mon ami, un enfant ne peut être suspecté—C'est toi, Rodrigue, qui conduiras mon fils aux pieds de son souverain—C'est lui qui doit obtenir la grâce de son père"—L'enfant élevé dans les malheurs, dans les évènemens, est déjà plus développé qu'on ne l'est ordinairement à son âge, et comprenant parfaitement sa mére, lui fait voir comment il compte se présenter à son souverain, dont le portrait est dans la chaumière de Rodrigue.—"Il n'y a pas un moment à perdre," dit Rodrigue—"Va, mon vieil ami, je remets mon fils sous ta garde"—"J'en réponds sur ma vie—Niska, prends ce panier, et viens avec nous."—Au moment de se séparer de son fils, elle sent qu'elle est aussi tendre mère que tendre épouse. Son cœur se brise, ses larmes coulent ; mais Rodrigue emmène l'enfant, et la Comtesse tombe en pleurs sur le sein de son époux. Le Comte la console. Mouska, la bonne Mouska, pleure avec elle—"Ma bonne dame, il faut prendre un peu de repos," dit la villageoise—"Oui, mon amie, suis Mouska"—Et embrassant son épouse, le Comte la remet entre les mains des paysannes, qui conduisent la Comtesse dans une chambre où elle va chercher un moment de sommeil. Pour lui, il est maintenant un estafette, censé avoir demandé l'hospitalité et s'être abrité un instant contre le mauvais tems et l'orage qui viennent de se manifester. Dans le moment on frappe à la porte—"Qui est-là, dit Mouska !—"C'est moi—C'est Frédéric—"N'ouvre pas," dit la vieille—"Ouvre donc" dit Frédéric—Tout à l'heure—"Attends"—Pendant cela le Comte inquiet recommande le secret, et atteint vîte la soupente ; mais Frédéric, non moins jaloux qu'impatient, est déjà monté à une petite fénêtre, d'où il voit entrer le Comte dans son réduit, et d'où il saute

is surrounded by dangers which she can share, and perhaps diminish. "My friend, a child cannot create any suspicion—You, Rodrigo, must lead my son to the throne of our monarch. He must obtain pardon for his father. The child, who is brought up in the school of misery, possesses a degree of sense beyond his age." He quickly comprehends his mother's designs, and shows her how he will address the sovereign, whose picture he sees in the cottage. "Not a moment is to be lost," says Rodrigo. "Good old friend, depart. Be thou my son's guide.—I will answer for him on my life. Niska, take that basket, and follow us." The Countess, at the moment of parting with her son, feels as a mother and a wife. Tears flow from her eyes. She drops almost senseless on the neck of her husband, when Rodrigo takes the child away.

Mouska, the tender Mouska, tries to console the Countess.—"Dear lady, a little rest is necessary to you.—Yes, my love, attend to Mouska's advice." Then embracing his wife, the Count resigns her to the peasants, who lead her to another room, where she hopes to enjoy some repose.

The Count now appears as a messenger from the army, who is supposed to have stopped at the cottage to shelter himself from an approaching storm. A rap is heard at the door. "Who is there?" asks Mouska. "I, Frederic."—"Presently— wait." During this parley, the Count, after recommending secrecy, hastily retires to a closet; but Frederic, not less prompted by jealousy than by impatience, climbs to a casement, through which, observing the Count retreating, he jumps furious into the room, and overwhelms Mouska with reproaches. "It is some preferred lad."—"It is so, and may you die with vexation," replies Mouska. "Then, I'll go—never to return."—"Hark! Then, tell me who he is"—"He is nobody," says the old woman, to prevent Mouska from continuing. "Well, I will go"—when opening the door to depart, he is stopped by a party of soldiers, who come to take their nightly quarters in the cottage.

dans la chambre comme un furieux. Il fait une scène à Mouska, et dans l'excès de sa colère, l'accable de reproches.—" C'est quelque joli garçon— " Eh bien ! Oui, pour te faire damner," répond Mouska—" Que tu aimes"—" Eh bien ! Oui"— " Je m'en vais pour toujours—Je ne reviendrai jamais—Adieu "—" Ecoute !"—" Eh bien, dis-moi donc qui c'est !"—" C'est—rien," dit la vieille, qui empêche Mouska d'achever.—" Eh bien, je pars," dit Frédéric, et ouvrant la porte, il va en effet sortir, quand des soldats, qui apportent des billets de logement pour passer la nuit chez Rodrigue, entrent au même moment. La frayeur de Mouska et de la vieille peuvent à peine se décrire, se comprendre. Elles cherchent en vain à appaiser Frédéric. Mouska lui fait mille signes. Il n'écoute rien, et dans sa colère il découvre tout, et apprend aux soldats qui l'interrogent qu'il y a un homme caché dans la soupente. Ces derniers, qui ont ordre d'arrêter tout ce qui paroît suspect, et de le conduire au camp, veulent voir quel est l'homme caché dans la maison. Frédéric enchanté de ce qu'il a fait, s'approche de Mouska, pour en faire vanité, la croyant bien punie ; mais la voyant en pleurs, sa colère aussitôt se passe. C'est lui qui voudroit maintenant appaiser Mouska, qui tout en sanglottant, et lui faisant mille reproches, lui apprend que c'est le Comte qui est caché.—"Seroit-il possible ?" Frédéric doute encore—" Ah ! nous allons bien voir si cela est vrai"—En effet, Ragotski est obligé de sortir de la soupente ; et Frédéric, au lieu d'un jeune homme que son imagination avoit enfanté, voit un homme fait, il est persuadé que c'est le Comte, il sent alors toute l'étendue de la faute qu'il a commise s'arrache les cheveux, et sollicite déjà son pardon de Mouska.

La Comtesse, que le bruit a réveillée, arrive au moment où Ragotski a été obligé de sortir de la soupente. Quel coup affreux ! Le Comte feint de s'être réveillé à l'instant, et sans marquer la moindre surprise, il descend parmi les soldats. Interrogé, il se dit porteur d'une lettre pour le camp, en montre une au Sergent, qui en fait part aussitôt à son intime, son conseil, le Caporal.

Mouska and the old woman's fears can scarcely be described. They do all they can to quiet Frederic. Mouska endeavours to make him understand by all possible signs. He is deaf to every thing, and in his passion discloses all, and informs the soldiers who interrogate him, that there is a man laying in the next closet. The soldiers having been ordered to arrest all who appear in the least suspicious, and to conduct them to the camp, are determined to see who is concealed in the house. Frederic, delighted at what he has done, approaches Mouska to boast of it, believing himself perfectly revenged. But seeing her in tears, his anger is immediately suppressed. He now endeavours to quiet Mouska. Notwithstanding her sobs and reproaches, she informs him it is the Count who is concealed.—" Can it be ? Ah ! We shall see if this is true."—Ragotski is obliged to leave his secret place, and Frederic, who sees a middle-aged man, instead of the young lad which his imagination had pictured, and now being persuaded it is the Count, feels all the consequence of what he has been guilty of. He tears his hair, and solicits Mouska's pardon.

The Countess being disturbed by the noise, enters at the moment Ragotski has been obliged to leave the closet. He feigns to have just been awakened; and without expressing the least surprise, he comes down amongst the soldiers. Being interrogated, he answers that he is a messenger to the camp, and shows a letter to the Serjeant, who immediately informs his friend and counsellor, the Corporal. Whilst they read the address, the Count approaches Frederic, to whom he discovers himself, shows him the Countess, and enjoins secrecy. Frederic in despair throws himself at the feet of Mouska. The Serjeant believing the Count to be a messenger from the army, returns him the letter, and laughs at Frederic and Mouska, who pushes away the latter with playful anger. Ragotski reconciles them, and the Countess now being composed comes amidst

Pendant qu'ils lisent l'adresse, le Comte s'approche du jeune Frédéric, se découvre à lui, lui montre son épouse, et lui recommande le secret. Frédéric au désespoir vient se jeter aux genoux de Mouska. Le Sergent persuadé que le Comte est un estafette, lui rend sa lettre, se moque de Frédéric que Mouska chasse, et tapotte de ses petites mains. Ragotski les raccommode, et la Comtesse rassurée paroît au milieu des soldats, et va prendre le bras de la vieille, qui la leur presente comme sa fille aînée. Le Comte sent la nécessité de s'éloigner au plus vîte, il prend congé des soldats et de ses hôtes, et sans la remarque du diable de Caporal, homme conséquent, examinateur, et plus que rigide à son devoir, le Sergent laissoit aller l'infortuné Ragotski ; mais il le retient, et ajoute qu'il l'accompagnera lui-même dans quelques instans, et qu'ils feront route ensemble.

Le Caporal, ne cesse de considérer le Comte, il semble avoir conçu des soupçons, il s'est apperçu que ce retard le chagrine ; alors s'approchant de lui avec malice.— " Eh bien, camarade, vous restez donc !"—" Oui."—" Vous boirez un coup avec nous."—" Volontiers.— Quel supplice !"— Mouska cherche en vain à distraire l'importun Caporal. Il tient bon.—" Vous n'êtes pas gai, mon ami." — " Moi ? — Vous allez voir."— " Allons, mes camarades—vive la joie !—dansons —voyons, il faut que Fréderic et Mouska fassent les frais de la fête."—" Vîte, un violon."—" Moi, une vielle," dit la Comtesse. Et les voilà faisant danser les deux amans qui se disputent encore: car Mouska ne peut pardonner à Frédéric une jalousie qui lui a causé, et lui cause encore tant d'inquiétudes, et dont un grand malheur peut être la suite. Enfin l'amour excuse tout, et les deux villageois finissent par oublier un moment le Comte pour ne s'occuper que d'eux-mêmes.

La gaieté et la joie deviennent générales. Le Comte est forcé de se mêler à la fête, pour faire diversion, et un peu dérouter le fatiguant Caporal, qui ne le perd pas de vue un seul moment depuis qu'il l'a surpris parlant bas à la Comtesse.

the soldiers, leaning upon the old woman's arm, who introduces her as her eldest daughter.

The Count feels the necessity of retiring as soon as possible. He takes leave of the soldiers and the cottagers; and but for the officious Corporal, a conceited man, and more than strict to his duty, the Serjeant would allow the unfortunate Ragotski to depart, when he is prevented by the Corporal, who proposes to accompany him in a short time, adding that they can journey together.

The Corporal, who does not cease to examine the Count, seems to have some suspicion, and perceiving that he is displeased at being thus delayed, approaches him with a malicious look—"Well, comrade, you wait, do you?"—"Yes."—"You'll drink a glass with us"—"Willingly."—"How provoking!"—Mouska does all she can to attract the Corporal's attention, but to no purpose; he will not give up,—"You are not merry, my friend "—" I? you shall see whether I am not."—"Come, comrades; let us be jovial—let us dance—Frederic and Mouska must treat us"—"Where's the fiddle?"—"And give me some other instrument," says the Countess—Now the young lovers dance together, though not perfectly reconciled; for Mouska has not yet entirely forgiven Frederic that jealousy which has given her so much uneasiness, and may yet occasion a great misfortune. Love is an excuse for all; the young couple forget the Count's situation for a little while to think of themselves.

Mirth and joy become general; the Count finds himself obliged to mix in the scene of gaiety, to deceive the importunate Corporal, who does not lose sight of him a moment, since he observed him whispering to the Countess.

Ragostki and the Countess have scarcely begun dancing, when a knocking is heard at the door; a soldier wishes to speak with the Serjeant. He informs him that there has been a bloody battle, and that it is suspected that Ragotski is near the spot, and gives him his description. The Serjeant,

A peine Ragotski et son épouse ont-ils fini de danser, qu'on frappe à la porte. C'est un soldat qui demande à parler au Sergent. Il lui apprend qu'il y a eu un combat sanglant de livré; qu'on croit Ragotski dans cette chaumière ou aux environs. Il lui remet son signalement qu'il lui apportoit, et le Sergent, en le renvoyant, demande un renfort pour faire de nouvelles perquisitions dans le voisinage. Il s'empresse aussitôt de faire une visite exacte dans la chaumière, et tandis que les soldats dispersés cherchent partout, que le Caporal communique au Sergent les soupçons qu'il a conçus sur cet étranger, Frédéric, qui les écoute, voit le danger pressant où se trouve le Comte, lui fait signe de partir au plutôt, tandis que les soldats sont absens. La Comtesse entr'ouvre déjà la porte. La petite Mouska cache le Comte de son mieux, il va s'échapper lorsque le maudit Caporal se retourne et fait encore échouer ce nouveau projet. " Que fais-tu là ?" dit-il au Comte.—" Je cherchois avec les autres s'il y a quelqu'un de caché ici; mais je ne vois personne."—Les soldats qui reviennent en ce moment en disent autant. Déjà le Sergent, le signalement à la main, tourne autour du Comte, en l'examinant. Les femmes cherchent à le persuader de laisser-là ce pauvre diable.—" Ce sont ses yeux," dit le Caporal. " Est-il le seul qui les ait ainsi ? Hè, votre camarade en a de pareils."— " Allons, gai! dansons," dit la tremblante Comtesse en cherchant à se contrefaire.—" Paix! Ce sont ses cheveux."—" Et vous en avez d'aussi noirs, vous, qui parlez."—" Allons, reprenons notre fête—du vin, vîte, du vin."—" Paix! il a une marque au bras."—" O ciel! je suis perdu!" Cette fois le Sergent de mauvaise humeur chasse la Comtesse et les petits paysans, qui veulent encore l'étourdir, et saisissant le bras de Ragotski, il découvre le signe indiqué. " C'est lui—aux armes!—victoire!—c'est lui."—" Oui, c'est moi." Les forces de la Comtesse sont prêtes à l'abandonner. Elle s'appuie sur le bras de la vieille, tandis que Mouska la cache et cherche à la rassurer. Frédéric, qui pendant ce tems a réfléchi au parti qu'il avoit à prendre, accable le

when dismissing him, asks for a reinforcement in order to renew his researches in the neighbourhood. He immediately has the cottage strictly examined; and whilst the soldiers are searching every corner, the Corporal communicates his suspicions on the strangers; the peasant, who was listening, and sees the danger the Count is in, makes signs for him to escape as speedily as possible. The Countess opens the door, and the Count being on the point of escaping; the good Mouska does all she can to prevent his being observed, when the ever-disagreeable Corporal, turning round, destroys their hopes of accomplishing this plan—" What are you doing there ?" says he to the Count—" I was looking with the others, whether there was not any person concealed here; but I do not see any one"—The soldiers say the same—" Come here," says the Corporal in a rude manner to the unfortunate Ragotski—The Serjeant turns about the Count, with the description in his hand. The women endeavour to persuade him to leave that poor fellow alone—" I must examine him—those eyes answer the description," says the Corporal. — " Are there no other like his ?—Look at these" — Come, let us dance and be merry," says the agitated Countess, endeavouring to disguise herself—" Peace, woman !—His hair too"—" Yours is as black—Come, let the dance go no—wine—be quick, give us wine—" Peace! I say—he has a mark on his arm"—"O heavens! I am lost."—At the last interruption the Serjeant sends the Countess away angrily with the young peasants, who still hope to divert his attention from the Count, and lays hold of Ragotski's arm, on which he observes the mark.—" It is he—to arms !—victory !—It is he"—" Yes, I am he, man"—The Countess can scarcely support herself; she leans upon the arm of the old woman. Frederic, who had been ruminating upon what could be most useful in this dilemma, affects to overwhelm the Count with abuse; were he to be believed, he is his most inveterate enemy. The women who soon understand

Comte de reproches. C'est, à l'entendre, son plus mortel ennemi. Les femmes, qui l'ont compris à demi-mot, suivent son exemple. " Je l'avois bien dit, que c'étoit lui," dit le Caporal, enchanté de sa perspicacité. Le Sergent ordonne qu'on saisisse le Comte. Son épouse va se trahir, mais les deux paysannes veillent sur elle, et parviennent à la calmer. Le Comte monte dans la soupente. Frédéric apporte du vin. Le Caporal veut lui-même faire sentinelle à la porte du Comte. La vieille, à qui Frédéric a donné le mot, jette du tabac dans les cruches de vin, et cette bonne famille projette ainsi d'enivrer les soldats, seul moyen, aux dépens de leur liberté, et même de leur vie, de faire échapper l'infortuné prisonnier. Cependant le Sergent, inquiet des hommes qu'il a envoyés en patrouille, prend une lanterne, et va donner le coup-d'œil du maître aux dehors. Frédéric propose une ronde. On boit d'abord à la santé de l'Empereur. Nouvel embarras, le Caporal seul refuse obstinément de boire ; mais excité même par ses camarades, il se laisse aller. La joie se rétablit. Le Comte, par une lucarne, voit tout ce qui se passe, s'entend avec son épouse, et ses amis, et passe tour-à-tour de l'espérance à la crainte. Le vin est bon. La vieille veut aussi qu'on boive à sa santé, et de santé en santé les têtes s'échauffent. Les femmes paroissent gentilles. Mais le tabac faisant son effet, ils tombent tous ivres et ensevelis dans le plus profond sommeil. Ici, crainte d'être surpris, Frédéric s'affuble du manteau, du chapeau et du fusil de la sentinelle. Voilà l'instant de faire évader le Comte. Frédéric doucement l'appelle, il descend. Chaque soupir est une crainte ; chaque mouvement des soldats un espoir perdu. La vieille fait le guet à la porte. La Comtesse s'assure si le Caporal dort. Mouska fait des vœux au ciel. Frédéric monte la garde en sentinelle. Le Comte gagne déjà la porte.—" Hélas! on vient," dit la vieille, " on vient—vîte, vîte, vîte."—Le Comte saisit le manteau, le chapeau, le fusil, et le voilà lui-même sentinelle de sa propre personne. Le Sergent revient de faire sa ronde : il entre mouillé, harassé,

his meaning, follow his example—"I was right, you see, when I told you it was he," says the Corporal, proud of his perspicacity. On the Serjeant ordering the Count to be seized, the Countess is on the point of betraying herself, but the two women, who watch her, succeed in calming her agitation. The Count retires into the closet, Frederic brings wine; and whilst the Serjeant places his friend as a sentinel at the door, the old woman takes this opportunity to throw tobacco into the pitchers. Intoxicating the soldiers appears to the hospitable family the only means of saving the unfortunate captive, at the risk of their own liberty and lives. The Serjeant uneasy about the men whom he has sent upon a patrole in the neighbourhood, takes a lanthorn to examine himself whether all is safe.

Frederic proposes a dance; first they drink the Emperor's health. A new difficulty arises, the Corporal alone obstinately refuses to drink, till prompted by Mouska, the Countess, Frederic himself, and his comrades, he yields to their persuasions. Joy returns; the Count through a small window observes every transaction: aware of what is going on between the Countess and his friends, he is alternately agitated by hope and fear. The wine is relished, the old woman will have her health drunk. By degrees the men become elated, till, by the effect of the tobacco, they fall into a state of ebriety, which is followed by profound sleep.

For fear of being surprised, Frederic dresses himself with the cloak and hat of the sentinel, taking also his musket. The moment is favourable to effect the release of the Count. Frederic calls him: he comes down. Every breath creates fear; if a soldier moves, hope is immediately destroyed. The old woman watches at the door. The Countess approaches the Corporal, to ascertain whether he sleeps. Mouska offers her prayer to heaven. Frederic is upon sentry. The Count has reached the door.—"Alas!" cries the old woman, "somebody comes—hasten, hasten!" The Count snatch-

fatigué, et ne demande que le repos. Mouska s'empresse pour le réchauffer, de lui faire boire quelques coups de vin. Avant de s'endormir il veut s'assurer par lui-même de ce que fait le prisonnier. Voyant que son ami dort, et que la sentinelle a été changée, il monte—il entre.—" Partez, partez," dit Frédéric, au Comte—" Mes amis!—Point de temps perdu." Et la généreuse famille fait évader les Illustres Fugitifs, et ferme la porte sur eux.

Au même instant le Sergent sort furieux. Il donne l'alarme. Tous les soldats se réveillent, saisissent leurs armes. " Misérables! le prisonnier nous est échappé. C'est toi, coquin, qui nous a trompés, qui l'as fait évader."—" Oui, c'est moi, et je le ferois encore, si c'étoit à faire."—" Courez, volez sur ses traces—vous, saisissez ce malheureux." La pauvre Mouska se jette en vain entre les soldats et son amant. La vieille remplit la chaumière de ses cris, et Ragotski, trop généreux pour faire des victimes, entendant les cris de ses amis, vient se remettre dans les fers pour sauver ses bienfaiteurs.

Le renfort attendu arrive en ce moment. Les baïonettes sont déjà pointées sur Ragotski. Son épouse se jette au-devant de lui, et veut lui faire un rempart de son corps; quand tout-à-coup des cris de joie se font entendre. C'est Rodrigue portant le fils du Comte dans ses bras. L'enfant tient la grâce de son père : il vient la lui apporter ; il est suivi d'une partie du camp : Rodrigue dépose l'enfant dans les bras du Comte et de la Comtesse. Mouska et Frédéric volent dans les siens. Il est bientôt au milieu de ses amis. Tout peint la joie, le bonheur, et la reconnoissance. Prosternés vers le moteur de tant de bienfaits, tous les yeux, toutes les pensées, tous les bras, se tournent vers les cieux, et un chorus de vœux, de grâces, s'élève vers l'Eternel. On part pour le camp. Les troupes sont sous les armes. Ragostki arrive. L'Empereur sort de sa tente, reçoit le Comte et sa famille, lui rend avec son épée, ses titres, et son amitié. Ragotski présente à son souverain Rodrigue et son

ing the cloak, hat, and gun, is now sentinel on his own person. The Serjeant returning from walking his round, enters the room, wet, and harassed with fatigue, wishing for nothing but rest. Mouska, to restore him, offers him wine, which she presses him to drink. Finding that his friend is asleep, and that the sentinel has been changed, he enters the closet to ascertain whether his prisoner is safe.—" Fly, fly," says Frederic, " there is no time to lose."—Thus the generous family assist the escape of the Illustrious Fugitives, and close the door after them.

The Serjeant instantly returns furious. He fires a pistol to spread the alarm. All the soldiers awake, and seize their arms.—" The prisoner has escaped ! — You, wretch, have deceived us; you have favoured his escape."—" Yes, I have, and would do it again."—" Run, fly, follow him —seize this fellow !" Mouska, in her distress, rushes in vain between the soldiers and her lover. The old woman fills the cottage with her shrieks, which Ragotski hearing, returns to imprisonment, to save his benefactors; his mind being too noble and exalted to suffer them to be victims to their generous hospitality.

The expected reinforcement arrives. Bayonets are already pointed at Ragotski's breast. The Countess rushes forward, determined to protect his life, when suddenly cries of joy are heard. Rodrigo arrives with the child in his arms, who brings the pardon of his father, followed by many from the camp. Rodrigo delivers the child into the arms of his parents. Mouska and Frederic run to him. All express their joy, happiness, and gratitude. Adoring on their knees the Author of so many blessings, all join in a chorus of thanksgiving to the Almighty.

They depart for the camp. The troops are seen under arms. Ragotski arrives. The Emperor leaves his tent to welcome the Count and his family, and returns him his sword and titles, with every other mark of his favour. Ragotski intro-

gendre. Non seulement l'Empereur leur pardonne, mais il veut que Rodrigue rentre sous ses drapeaux ; et Frédéric cette fois, qui sent véritablement les élans du courage, veut faire ses premières armes sous le Comte et son beau-père. L'Empereur leur donne à chacun une épée et un grade.

Le peuple ravi de voir le Comte rentré dans ses droits, avec la permission de l'Empereur, célebre son retour, et par une fête générale termine le Ballet.

---

duces Rodrigo and his intended son-in-law to the sovereign, who not only forgives them, but insists upon Rodrigo joining again the Imperial colours, when Frederic, now animated with real courage, offers to serve his first campaign under the Count and his father-in-law. The Emperor gives each of them a sword and a commission. The people, overjoyed at seeing the Count restored to his honours, with the Emperor's leave celebrate his happy return, and a general entertainment terminates the Ballet.

End of the Ballet.

J. Brettell, Printer,
Rupert Street, Haymarket, London.